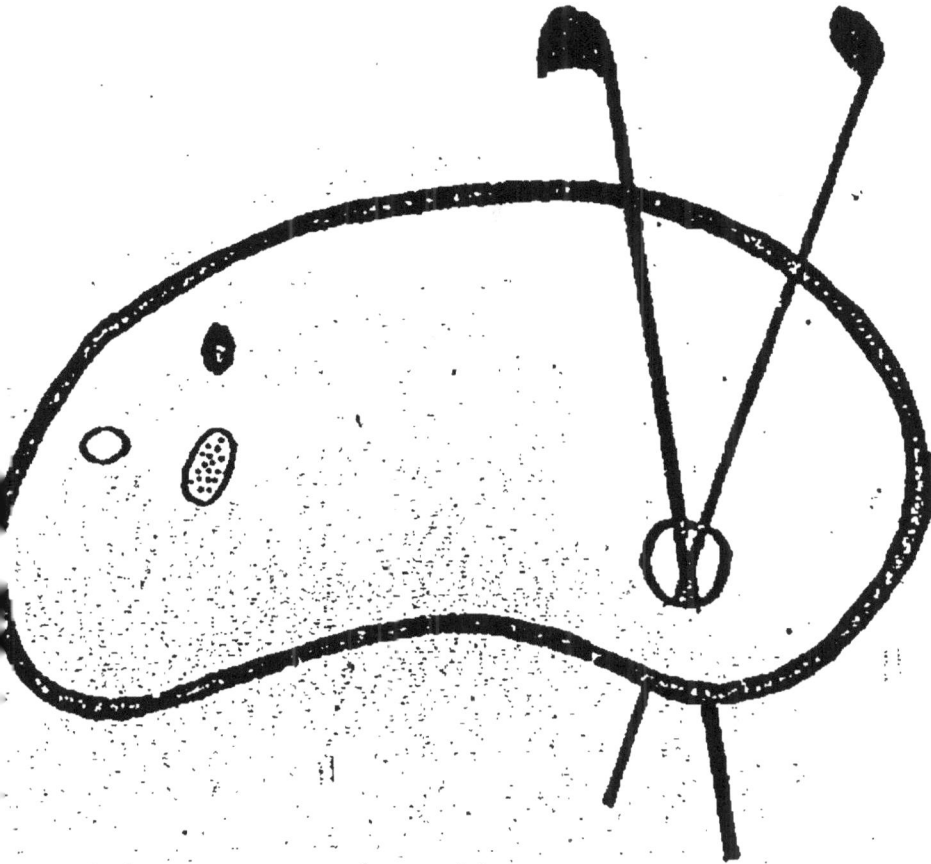

DEBUT D'UNE SERIE DE DOCUMENTS
EN COULEUR

POLITIQUE COLONIALE

DISCOURS

PRONONCÉ PAR

M. CLEMENCEAU

A LA CHAMBRE DES DÉPUTÉS

Le Jeudi 30 Juillet 1885

PRIX : 15 CENTIMES

PARIS

BUREAUX DU JOURNAL *LA JUSTICE*

10, rue du Faubourg-Montmartre

1885

LA JUSTICE

JOURNAL POLITIQUE QUOTIDIEN

LE NUMÉRO : 10 CENTIMES

Directeur politique :

G. CLEMENCEAU

Rédacteur en chef :

CAMILLE PELLETAN

ABONNEMENTS

PARIS		DÉPARTEMENTS	
Trois mois......	10 fr.	Trois mois.......	12 fr.
Six mois........	20 »	Six mois........	24 »
Un an..........	40 »	Un an..........	48 »

Administration : 10, Faubourg Montmartre

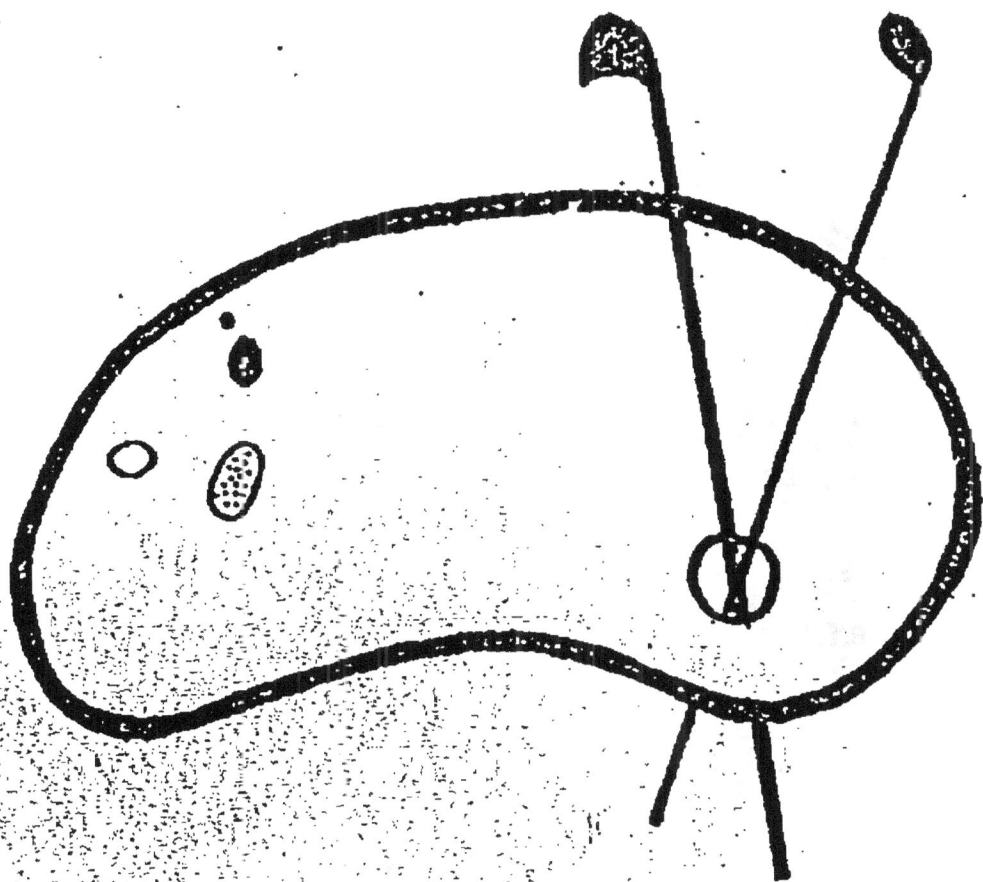

FIN D'UNE SERIE DE DOCUMENTS
EN COULEUR

DISCOURS

PRONONCÉ PAR

M. CLEMENCEAU

A LA CHAMBRE DES DÉPUTÉS,

Le Jeudi 30 Juillet 1885

M. Clemenceau. — Messieurs, à Tunis, au Tonkin, dans l'Annam, au Congo, à Obock, à Madagascar, partout et ailleurs, nous avons fait, nous faisons et nous ferons des expéditions coloniales ; nous avons dépensé beaucoup d'argent et nous en dépenserons plus encore ; nous avons fait verser beaucoup de sang français et nous en ferons verser encore.

On vient de nous dire pourquoi. En effet, c'est la première fois, après l'expérience d'une politique coloniale qui a duré plus de quatre ans, que l'auteur responsable de cette politique en esquisse à grands traits les lignes maîtresses. Il en résulte qu'au lieu que vous soyez appelés à délibérer sur cette politique, comme il conviendrait à des représentants d'un peuple libre, pour savoir s'il vous convient de vous y engager, après en avoir pesé le fort et le faible, après en avoir examiné les avantages et les inconvénients, vous vous trouvez en face de faits accomplis, et il arrive que cette fameuse théorie dont on fait tant de bruit, que cette grande doctrine coloniale qu'on présente avec tant d'éclat n'est pas autre chose qu'une théorie, vaille que vaille, qui doit s'adapter à des faits accomplis.

MM. Périn et Laguerre. — Très bien ! très bien !

M. Clemenceau. — Elle est inventée,

elle est apportée à cette tribune comme une justification de faits accomplis. (*Très bien ! à l'extrême gauche.*) C'est qu'en effet on on n'a pas averti le pays, on ne lui a pas fait connaître ses desseins — et on avait de bien bonnes raisons pour cela, nous savons aujourd'hui qu'on ne les connaissait pas soi-même...(*C'est vrai ! très bien ! très bien ! sur divers bancs*), de sorte que si une fois cet exposé fait devant la Chambre, il arrive que le pays l'accepte et trouve cette politique bonne, c'est tant mieux ; mais si le pays ne l'accepte pas, s'il trouve cette politique mauvaise, c'est tant pis : il faut que le pays subisse les faits accomplis. (*Très bien ! très bien ! à l'extrême gauche.*)

Voilà la situation dans laquelle nous nous trouvons. Il est impossible de ne pas remarquer, dès le début de cette discussion, que nous ne sommes pas en face d'un système exposé par un homme d'Etat à cette tribune et soumis aux représentants du peuple pour qu'ils le jugent en toute liberté — non ! — il est bien entendu qu'il ne s'agit que d'une justification après coup, de théories qu'on adapte comme on peut aux faits accomplis. Le pays n'a pas été consulté. On lui a systématiquement caché la vérité. On essaie maintenant d'accommoder les faits à une doctrine inventée pour les besoins de la cause.

Nous avons appris officiellement de M. Ferry — nous le savions déjà d'ailleurs ! — qu'à Berlin, lorsque l'Angleterre se fit attribuer Chypre dans les conditions que vous connaissez, M. Waddington s'était entendu avec lord Beaconsfield, nous a-t-on dit, et avec un autre homme d'Etat qu'on n'a pas nommé, pour nous réserver toute liberté d'action en Tunisie. Eh bien ! est-ce qu'à ce moment le gouvernement, qui venait de prendre cette grave résolution — que je n'ai pas à apprécier pour le moment — est venu devant la Chambre ? Et lorsque l'expédition de Tunisie a commencé, est-ce qu'il nous a dit : « Lord

Beaconsfield vient de rentrer dans Londres aux acclamations du peuple anglais; il apporte Chypre à l'Angleterre. Nous, au congrès de Berlin, nous avons gagné la Tunisie. » Non! Pas un mot. On nous a parlé de Kroumirs, on nous a parlé d'incursions de tribus frontières, de pillards, d'opérations de gendarmerie internationale; on nous a dit qu'on ne voulait pas de conquête, et on a fait la conquête! (*Très bien! très bien! à l'extrême gauche.*)

Vous saisissez là sur le vif le procédé de gouvernement qui a conduit la France, insensiblement, par degrés, au point où elle en est aujourd'hui dans la politique coloniale.

Je pourrais relever des faits de même nature qui sont encore plus connus de vous, parce qu'ils sont plus récents, à propos du Tonkin. Lorsque les événements du Tonkin se sont engagés, on nous a dit qu'il s'agissait de faire respecter le traité de 1874, dans la mesure du possible, puis qu'il était question de travaux d'hydrographie. Aujourd'hui, nous sommes maîtres du Tonkin! M. Challemel-Lacour disait au Sénat, dans la séance du 13 mars 1883 : « Il n'est pas permis non plus de songer à une conquête du Tonkin, qui ne présenterait certes pas de grandes difficultés... » — Il n'est pas prophète, M. Challemel-Lacour — « mais qui serait absolument stérile. »

Ainsi on ne voulait pas conquérir le Tonkin. C'était trop facile et puis la conquête du Tonkin serait absolument stérile! On débute ainsi en cachant soigneusement le but qu'on se propose. Suit la série des événements que vous connaissez, toujours en contradiction avec les paroles ministérielles : Il n'y a pas de Chinois au Tonkin; on veut rester dans le Delta et pourtant on va à Hué, on fait le traité de Hué; puis survient le traité de Tien-Tsin qui nous donne, sur le papier, non plus seulement le Delta mais tout le Tonkin; alors se produit l'affaire de Bac-Lé dans laquelle le gouvernement, quoi qu'on en ait dit, a une grande part de responsabilité ; on va à Formose malgré l'avis des hommes compétents ; nous subissons l'échec de Lang-Son et nous traitons sur un revers. Après avoir marchandé, après avoir dit à cette tribune qu'on se ferait payer, qu'on obtiendrait une indemnité, après avoir réclamé 250 millions, on est obligé d'accepter une paix dans laquelle il n'y a pas d'indemnité. — (*Très bien ! très bien ! à l'extrême gauche et à droite.*)

Toutes ces choses auraient été très intéressantes à examiner. Il est très facile de venir à cette tribune discuter, en l'air, une théorie coloniale ; mais il eût été bien plus intéressant, si le cadre de la discussion l'avait permis, et si on avait choisi un autre terrain que celui de Madagascar, de soumettre cette théorie à l'épreuve des faits, et de voir comment les faits avaient cadré avec la théorie qu'on nous a exposée avant-hier. (*Très bien ! très bien !*) Nous ne l'avons pas pu ; on n'a pas accepté la discussion qui était offerte, alors que la démonstration était possible, alors que la discussion pouvait se faire librement, loyalement devant les représentants du pays. On l'a refusé ; on a fui le débat !

Nous n'examinerons pas en ce moment la question au fond puisque cette discussion nous a été enlevée, nous allons donc, dans la discussion qui nous est offerte, examiner, si vous voulez bien le permettre, avec M. Jules Ferry, la question de la politique coloniale elle-même. (*Mouvement.*)

Messieurs, je disais tout à l'heure qu'il n'y a pas eu d'explication entre le gouvernement et la Chambre. Il semble, en vérité, qu'il n'y en ait pas eu entre les ministres eux-mêmes, car ils ont si bien gardé, les uns vis-à-vis des autres, le secret de leurs propres conceptions, que lorsqu'ils viennent s'expliquer à cette tribune sur ce qu'ils ont voulu faire, on est tout d'abord frappé des contradictions qu'il y a entre leurs dires. Je ne veux pas abuser de cette considération mais enfin il est impossible de ne pas remarquer, par exemple, la contradiction qu'il y a entre l'opinion de l'honorable M. Rouvier, venant nous dire : « Ni le Tonkin, ni Madagascar ne sont de la politique coloniale » — et celle de M. Jules Ferry disant : « Madagascar, c'est le type de la politique coloniale! C'est sur Madagascar qu'on va compter les partisans et les adversaires de la politique coloniale. » (*Très bien! à l'extrême gauche et à droite*). Je n'insiste pas. M. Jules Ferry, il faut le reconnaître, a essayé dans la mesure du possible, de concilier son explication avec celle de M. Rouvier. Et quelle a été cette explication ? Il nous a dit : « Ne répétez pas ce qui a été dit partout, dans la presse, à la suite des explications de M. Rouvier, que le gouvernement s'est laissé conduire par le hasard ; c'est inexact ; ce n'est pas ce que M. Rouvier a voulu dire : il a voulu dire qu'on a été conduit par la nécessité. »

Messieurs, une nécessité qu'on avoue n'avoir pas prévue, cela ressemble terriblement à du hasard. (*Rires approbatifs à l'extrême gauche et à droite*). Mais enfin, je ne veux pas discuter ce point et j'accepte l'interprétation des paroles de M. Rouvier donnée par M. Jules Ferry.

Quelle est cette explication ? Vous êtes partisans, nous demande-t-il, de l'expansion coloniale ? Nous répondons : Parfaitement! Eh bien! le type de l'expansion coloniale c'est l'expédition du Congo! Vous y avez des établissements, des Comptoirs ; des roitelets, des chefs de peuplades sauvages pillent vos établissements et massacrent vos nationaux. Voulez-vous en tirer vengeance et réprimer les pillards ? Naturellement, il n'y a pas deux réponses possibles. Eh bien! vous voilà engagés dans la politique des expéditions aventureuses, dans la politique du Tonkin, et vous voilà obligés de convenir que nous avons subi, nous gouvernement, une nécessité qui nous a conduits — après avoir déclaré que nous ne voulions pas du Tonkin parce que nous ne pouvions en tirer aucun parti — à nous emparer finalement du Tonkin. C'est l'honneur national, c'est la nécessité de faire respecter le drapeau qui nous a mis dans le cas de coloniser et de faire en dépit de nous-mêmes la grande politique que nous avons célébrée !

Oui ! on fait sonner très haut l'honneur national. M. Rouvier nous disait : « Si vous aviez été le gouvernement, vous n'auriez pas pu faire autrement que nous, l'honneur national l'exigeait. »

Eh bien ! je prétends, moi, que ce n'est là qu'un argument de tribune et je vais vous en donner la preuve tout de suite.

Il y a des occasions où l'on tient à faire respecter l'honneur national dans un but d'expédition coloniale ; il y a d'autres occasions où l'on néglige volontairement de faire respecter le drapeau. Tenez ! je prends par exemple le massacre de la mission Flatters. (*Très bien ! très bien ! à droite et à l'extrême gauche*). Voilà une expédition composée de quatre-vingts hommes parmi lesquels une trentaine de Français, un colonel de l'armée française, un capitaine, un lieutenant, un sous-lieutenant, des officiers de l'armée française qui, sans doute, engageaient le drapeau.

M. Georges Périn. — Très bien ! Très bien !

M. Clemenceau. — Ils vont reconnaître le pays pour le chemin de fer transsaharien et ils sont massacrés par les Touaregs. Ceci se passe aux portes de notre colonie algérienne. M. Jules Ferry, qui est si chatouilleux sur l'honneur national quand les Kroumirs font des incursions sur la frontière tunisienne, M. Jules Ferry, qui est à ce moment président du conseil, va sans doute bien vite venger l'honneur national ! il va venger le colonel Flatters ! il va organiser une expédition contre les Touaregs ! il va faire respecter notre frontière algérienne ! Non. Il n'y pense pas un moment, lui, le

chef du ministère ! (*Très bien ! très bien !
et applaudissements à l'extrême gauche
et à droite.*)

M. Leydet. — Il n'y avait rien à prendre !

M. Clemenceau. — Vous l'avez dit,
mon cher collègue, il n'y avait rien à prendre, il n'y avait que le drapeau national à
venger ! On ne l'a pas fait ! (*Nouveaux applaudissements sur les mêmes bancs.*)

Et à l'heure même où le colonel Flatters
était massacré, M. Ferry envahissait la Tunisie !

Vous saisissez, tout de suite, par cet
exemple, comment M. Ferry entend les exi-
gences de l'honneur national et comment il
en joue pour dissimuler ses expéditions coloniales.

M. Georges Périn. — Et l'affaire
Shaw, dans la question de Madagascar ?

M. Clemenceau. — Oh ! l'affaire Shaw
est une des humiliations sans nombre que
nous avons recueillies de la politique coloniale.

Voix à droite. — C'est bien vrai !

Un membre de l'extrême gauche. — On
a désavoué un amiral français.

M. Clemenceau. — Oui, on a désavoué
un amiral français. On a payé 25,000 francs
à un missionnaire anglais, à titre d'indemnité, et on a si bien eu le sentiment de l'hu-
miliation qu'on faisait éprouver à la nation
française que l'on n'a pas osé venir demander cette somme à la Chambre et qu'on l'a
prise sur les fonds secrets. (*Très bien ! très
bien ! Applaudissements à l'extrême gauche et à droite.*)

Une voix à droite. — Honteusement !

M. Georges Périn. — Et ceux qui en
parlaient manquaient de patriotisme, disait
M. Jules Ferry !

M. Edouard Lockroy. — C'est le
pendant de l'affaire Pritchard !

M. Clemenceau. — Ah ! vous comprenez maintenant la portée pratique de la
théorie des expéditions coloniales apportée
ici par M. Jules Ferry ! Nous avons partout

des droits; nous en avons sur un très grand nombre de points dans le monde; ils sommeillent, il ne faut pas les réveiller tous à la fois, mais successivement ! On pousse jusqu'au bout l'entreprise du Tonkin; on l'entretient à Madagascar jusqu'à l'heure où le Tonkin sera conquis et où on sera libre de conquérir Madagascar ! De la sorte, on aura toujours une conquête nouvelle à faire.

Aussi, voyez ce qui arrive. Jusqu'à l'avènement de M. Jules Ferry, l'honneur national ne nous oblige à aucune expédition. M. Ferry paraît et l'honneur national se trouve tout à coup compromis en Afrique, en Asie, partout !

Avant M. Ferry, nous n'avions d'expéditions nulle part; il arrive au pouvoir et nous avons des expéditions partout ! (*Très bien ! très bien ! à l'extrême gauche et à droite. — Applaudissements*).

Mais cette première explication donnée, il faut arriver au fond même de la théorie nouvelle.

M. Jules Ferry a discuté, *in abstracto*, la question purement académique de savoir si un pays devait avoir des colonies. Il a très savamment disserté sur la question. Il me permettra de lui dire que cette question discutée en soi est purement académique. Il ne s'agit pas de savoir si une nation peut et doit avoir des colonies ! C'est une question qui peut être très intéressante pour un conférencier ou un académicien, mais n'est pas du tout une question à traiter à la tribune française. (*Réclamation sur divers bancs à gauche et au centre.*)

Un membre au centre. — A quelle tribune alors?

M. Clemenceau. — Probablement vous ne m'avez pas compris. Je vais répéter mot à mot ce que je viens de dire. (*Rires et applaudissements à l'extrême gauche et à droite.*)

La qualification d'académicien n'étant pas encore une injure, je suppose que personne ne s'offense de cette expression. Je répète donc mot à mot ce que je viens de dire :

Je dis que la question purement théorique de savoir si une nation peut et doit avoir des colonies — question qui a été discutée ici l'autre jour par M. Jules Ferry— est très intéressante comme sujet de conférence, de discours académique, mais ce n'est pas un sujet de discussion à la tribune nationale. (*Nouvelle approbation à l'extrême gauche et à droite. — Nouvelles réclamations sur les mêmes bancs à gauche et au centre.*)

Allons ! je vais répéter une troisième fois (*Sourires à l'extrême gauche et à droite*). Je ne dis rien d'offensant pour personne. Je dis que c'est un très bon sujet de discours académique...

M. Vernhes. — C'est un sujet de conférence et rien de plus ! Vous avez raison !

M. Clemenceau... mais que ce n'est pas le sujet d'un discours politique à la tribune nationale et je le prouve. (*Exclamations sur les mêmes bancs à gauche et au centre.*)

Ce serait déjà fait, si vous ne m'aviez pas interrompu. Il ne s'agit pas de savoir si théoriquement une nation peut et doit avoir des colonies. Il s'agit de savoir si la France, et, entendez-le bien, non pas la France considérée en soi, mais la France de 1885, peut et doit acquérir certaines colonies. (*Applaudissements à l'extrême gauche et à droite.*)

M. Georges Périn. — Très bien ! très bien !

M. Clemenceau. — Voilà la question à discuter, mais voilà aussi celle qu'on n'a pas discutée. Il s'agit de savoir si la France, étant donnée sa situation géographique et politique, peut et doit acquérir des colonies, et quelles colonies ? Il faut savoir encore quel sera le coût de ces colonies, quel sera le caractère de ces entreprises, comment elles seront conduites, quels résultats

on pourra en espérer. (*Très bien ! très bien !
à l'extrême gauche et à droite.*)

Et encore, ce ne sera qu'un des côtés du
sujet. Il restera le plus grave à examiner,
celui qu'on a absolument laissé de côté
dans la dernière séance : la question du régime colonial... (*Nouvelle approbation sur
les mêmes bancs*), question capitale dont
on peut juger l'importance quand on pense
que l'Angleterre, avec ses immenses colonies, et la France avec les bribes de colonies qui lui restent, ont un budget colonial
à peu près égal. Est-ce que cela ne vous fait
pas sentir, quand on parle ici du régime
colonial, l'importance qu'il y aurait eu pour
les partisans des conquêtes coloniales à soumettre à la Chambre la question de savoir
comment ils entendent gouverner leurs
colonies ? (*Très bien ! très bien ! à l'extrême gauche et à droite.*)

Je n'ai pas à relever les arguments purement abstraits. On nous a fait une citation
de Stuart-Mill, qui dit que les peuples vieux
et riches ont dans la fondation des colonies
un excellent placement financier. Le placement peut être bon ou mauvais, et la pro-
position de Stuart-Mill n'a pas la portée
qu'on lui attribue. C'est comme si je disais :
Voulez-vous vous enrichir ? faites du commerce. En effet, faire du commerce, est un
moyen de s'enrichir, mais c'est aussi un
moyen de se ruiner, cela dépend de la manière dont on le fait. (*Très bien ! très bien !
à l'extrême gauche et à droite.*)

D'ailleurs j'ai eu la curiosité de lire dans
le texte la citation de Stuart Mill et j'ai
trouvé qu'elle ne s'appliquait en aucune
manière à la situation présente. Il s'agissait des colonies d'émigrants qui devaient
payer leurs frais dès l'origine par la vente
des terres. Ceci vous montre l'inconvénient
qu'il y a à discuter d'une façon purement
abstraite, comme l'a fait M. Jules Ferry.
On peut apporter ici des monceaux de cita-
tions, invoquer des paroles de Stuart Mill ;
seulement, quand on va au fond des choses,

et qu'on remet la phrase à sa place on s'aperçoit que l'argument ne s'applique en rien à la situation qui fait l'objet de la discussions. (*Très bien! Très bien! Rires à l'extrême gauche et à droite.*)

M. Paul de Cassagnac. — C'est l'affaire de Port-Breton commencée par la République !

M. Clemenceau. — Maintenant, Messieurs, puisque j'ai entrepris de suivre le préopinant, M. Jules Ferry, dans son argumentation, il faut que j'accepte le cadre de discussion qu'il a soumis à la Chambre et que j'examine après lui, — je tâcherai de le faire très brièvement pour ne pas fatiguer l'attention de la Chambre — la question coloniale en soi puisqu'il a eu soin d'écarter de la discussion des faits qu'il connait bien, qu'il connait trop.

Je vais examiner la question comme il l'a fait, au triple point de vue économique, humanitaire et politique.

Au point de vue économique, la question est très simple pour M. Ferry. Il n'y a pas besoin de consulter Stuart Mill ; la formule court les rues : Voulez-vous avoir des débouchés ? Eh bien ! faites des colonies, dit-on. Il y aura des consommateurs nouveaux qui ne se sont pas encore adressés à notre marché, qui ont des besoins; par le contact de votre civilisation, développez ces besoins, entrez en relations commerciales avec eux, tâchez de les lier par des traités qui seront plus ou moins bien exécutés! Voilà la théorie des débouchés coloniaux.

Je pourrais sans doute suivre M. Jules Ferry dans les explications qu'il a données à ce sujet; ce serait parfaitement inutile. Quand on vient dire : Voilà une colonie; son commerce d'importation avec la métropole est de tant, son commerce d'exportation est de tant, on n'a absolument rien dit, on ne sait rien, ces chiffres fussent-ils exacts — et ce n'est pas le cas de M. Jules Ferry qui donne un chiffre de 341 millions pour l'importation de France en Algérie alors que ce chiffre est seulement de 165 millions, mais cela ne tire pas à conséquence.

M. Jules Ferry. — Je crois pouvoir maintenir l'exactitude du chiffre que j'ai donné.

M. Paul de Cassagnac. — Cela n'a pas d'importance !

M. Clemenceau. — J'ai cherché ce chiffre, hier, dans les *Annales du commerce extérieur*.

M. Félix Faure. — Nous avons là le chiffre donné par M. Jules Ferry.

M. Clemenceau. — Il est erroné, à moins qu'on ne distribue pas aux membres du gouvernement les mêmes volumes qu'à nous députés, ce qui, à la rigueur ne serait pas plus étrange que beaucoup de choses que nous avons vues. (*Rires.*)

Les chiffres que je donne sont exacts, ou alors le gouvernement nous renseigne mal. Voilà nos chiffres : l'importation de France en Algérie est de 165 millions au lieu de 341 que nous a donnés M. Jules Ferry. J'ai pris ce chiffre, je le répète, dans les ANNALES DU COMMERCE EXTÉRIEUR, ANNÉE 1882.

M. Etienne. — On ne compte pas dans ce chiffre les admissions temporaires ni la valeur des marchandises prises en Algérie.

M. Clemenceau. — C'est une erreur !

M. Félix Faure. — Voici les chiffres officiels du commerce avec l'Algérie. Je puis vous les communiquer.

Voix à l'extrême gauche. — Cela n'a pas d'importance.

A droite. — Passez !

M. le président. — Laissez M. Clemenceau faire la vérification qu'il désire.

M. Clemenceau. — A quelle année s'applique votre chiffre ?

M. Félix Faure. — Aux années 1882 et 1883.

M. Clemenceau. — Je fais la distinction du commerce général et du commerce spécial. L'un des deux chiffres est évidemment inexact. Quant au mien, je l'ai trouvé dans deux documents différents.

M. Gaillard (Vaucluse). — Le tableau du commerce en 1883 donne 154 millions.

M. Eugène Delattre. — On parle de 1882 et on cite le chiffre de 1883, qui est encore inférieur.

M. Clemenceau. — Il y a évidemment là une erreur bien grossière puisqu'il y a une différence de 200 millions. Mais comme j'ai pris la statistique générale du commerce pendant une série d'années, que j'ai vu les chiffres varier seulement de que ques millions, que j'ai vérifié cette statistique générale du commerce par les annales du commerce lui-même et que ces chiffres concordent, vous me permettrez de vous dire qu'il y a là évidemment une faute d'impression ou une erreur grossière dans vos documents que nous n'avons pas le temps de contrôler. (*Rumeurs au centre et gauche.* — *Mouvements divers.*)

M. Etienne. — Nous avons vérifié les chiffres.

M. Raoul Duval. — Tous les ans l'administration des douanes donne des chiffres qui confirment celui qu'a indiqué M. Clemenceau.

M. Clemenceau. — Vous reconnaitrez bien, Messieurs, qu'il ne peut y avoir une erreur de 200 millions.

Une voix à gauche. — Il y a évidemment une erreur.

M. Clemenceau. — Mon cher collègue, permettez-moi de dire que l'erreur ne peut être de mon côté puisque j'ai pris les chiffres d'une série d'années et que je n'ai constaté, entre toutes ces années qu'une différence de 7 à 8 millions tandis qu'entre mon chiffre et celui présenté par M. J. Ferry il y a une différence de 200 millions, ce qui est inexplicable.

M. Jules Ferry. — C'est votre erreur qui est inexplicable.

M. Clemenceau. — Non pas, car je prends mes chiffres dans les documents officiels du gouvernement français. Ceux de M. Ferry sont extraits d'un document algérien. De quelque façon qu'on s'y prenne, le chiffre de M. Ferry est très certainement erroné. Peut-être a-t-il additionné les importations et les exportations. Et, même en procédant ainsi, vous ne pouvez pas avoir fait cette erreur, monsieur le président du conseil... (*On rit.*) Pardon ! On aurait pu s'y tromper au langage tenu par M. Jules Ferry à la dernière séance.

M. Henri Brisson, *président du conseil.* — Mais pas au nôtre !

M. Clemenceau. — Non, monsieur le président du conseil.

M. Paul de Cassagnac. — En tous cas, vos erreurs sont involontaires.

M. Clemenceau. — J'ai eu tort de m'attarder trop longtemps sur cette question qui n'a aucune importance. (*Rumeurs au centre et à gauche.*) Elle n'a aucune importance pour ma démonstration. C'est ce que j'étais en train de dire quand vous m'avez arrêté, mais je maintiens mon chiffre parce que je l'ai pris dans des documents distribués à la Chambre, que je n'ai pas consultés isolément, mais en les contrôlant l'un par l'autre. Je dis qu'il est inadmissible que la statistique commerciale se soit trompée; il est impossible de dire que les annales de statistique commerciale aient fait erreur. Mais, encore une fois, cela n'a pas d'importance.

Je disais que lorsque vous avez donné le chiffre du commerce de la métropole avec une de ses colonies, vous n'avez donné aucun renseignement sur l'opération coloniale elle-même; vous ne savez rien, car enfin il faut traiter l'entreprise coloniale en soi, comme une entreprise commerciale; il faut compter les frais de premier établissement, les frais d'amortissement, les frais d'entretien, les frais de colonisation, les frais de garde. En un mot, il y a un vaste compte à établir. Et voilà ce qui fait que de tous les chiffres de M. Jules Ferry, fussent-ils exacts, ce que je persiste à nier, il ne reste rien, parce que ce sont des chiffres présentés isolément, qui paraissent avoir un sens alors qu'ils sont absolument dépourvus de signification. Je vais en donner la preuve tout de suite.

M. Jules Ferry a apporté ici un axiome, il nous a dit : « La puissance économique suit la puissance politique. » Voilà une formule. Et là-dessus il a invoqué l'exemple de l'Algérie. Mais l'Algérie est à nos portes ! la question des transports est toute résolue à l'avantage de la France. Mais si je prends une autre colonie française, si je prends la Cochinchine, est-ce que la puissance économique suit la puissance politique ? Les importations de la France en Cochinchine sont de 5 millions, tandis que les importations étrangères s'élèvent à 66 millions. La Cochinchine exporte en France 1,600,000 francs et à l'étranger 78 millions. Par conséquent en Cochinchine la puissance économique ne suit pas la puissance politique. (*Marques d'approbation à l'extrême gauche*).

M. Raoul Duval *présente à l'orateur le livre dont il a été parlé plus haut.*

M. Clemenceau. — Eh bien ! sans rien conclure contre la Cochinchine, sans rien conclure contre aucune colonie, pour se faire une idée du résultat de l'entreprise cochinchinoise il faut compléter les indications que je viens de donner par d'autres encore.

La Cochinchine est inscrite au budget pour une somme de 3,235,640 fr. Elle verse au Trésor 1,871,000 fr. Soit une différence de 1,364,649 fr. au détriment de la France. Si je compte ce que nous a coûté l'acquisition de la Cochinchine, l'expédition qui nous l'a donnée, c'est une dépense de 284 millions en vertu de laquelle nous avons au budget d'une manière permanente 10 millions. Si on ajoute le déficit que je viens de signaler, je trouve au budget une dépense permanente de 11 millions que nous coûte annuellement l'acquisition de la Cochinchine et alors, lorsque on rapproche ce chiffre des chiffres de l'importation et de l'exportation que j'ai donnés tout à l'heure, les chiffres parlent; ou comprend les résultats de la colonisation ainsi pratiquée; on comprend que nous avons dépensé des centaines de millions, que nous faisons une dépense annuelle de onze millions pour permettre aux Anglais et aux Chinois d'aller commercer en Cochinchine, tandis que les Français se bornent, dans une mesure tout à fait infime, à y transporter quelques produits. Et on ne se fait pas faute de citer la Cochinchine comme une colonie modèle!

M. G. Périn. — Monsieur Clemenceau, voulez-vous me permettre une rectification. Ce n'est pas pour 3,235.000 fr. que la Cochinchine est inscrite au budget; c'est pour 5,584,000 fr. C'est donc une erreur de 2 millions à l'avantage de votre thèse.

M. Clemenceau. — J'ai pris mes chiffres au budget.

M. Blancsubé. — C'est trop fort; je demande la parole.

M. Etienne. — Je l'ai demandée avant vous.

M. Clemenceau. — Messieurs, il est bien entendu que je ne donne pas ceci comme un argument pour ou contre la Cochinchine, ni pour ou contre l'acquisition de toute autre colonie, mais seulement pour démontrer que les chiffres de M. Jules Ferry n'ont aucune valeur quand on les examine en soi, parce que ce sont des chiffres isolés, et que, pour les faire parler, pour leur donner un sens, il faut examiner l'ensemble du compte colonial, ce qu'on s'est bien gardé de faire et ce qu'on ne fera pas, parce qu'aucune colonie, dans aucun pays du monde, pas même l'Inde pour l'Angleterre, ne pourrait résister à ce calcul, et c'est un argument que M. Jules Ferry aurait pu faire valoir à l'appui de sa thèse: proportionnellement à la population, le commerce de l'Inde avec l'Angleterre est moins grand que celui de l'Algérie avec la France.

Un membre au centre. — Alors, il faut que l'Angleterre abandonne les Indes?

M. Clemenceau. — C'est une idée qui a été et qui est encore très sérieusement discutée. Il n'y a pas de colonie qui résiste à cet examen. Et alors, nous revenons à la fameuse question des débouchés. Comment faciliter l'écoulement des produits? Faut-il chercher à augmenter, à développer les débouchés en agissant sur les producteurs ou en agissant sur l'acheteur.

Ah! si la politique coloniale consistait à aller chercher avec quatre hommes et un caporal un Chinois, à l'amener dans le faubourg Saint-Antoine pour lui faire acheter une armoire à glace (*On rit*), il y aurait là une opération coloniale très claire; et si les frais de voyage et d'expédition pouvaient s'établir à bon compte il y aurait là un véritable système de débouchés nouveaux. Mais les débouchés ne s'ouvrent pas à coups de canon.

M. Raoul Duval. — Ils se ferment à coups de canon.

M. Clemenceau. — C'est qu'on ne force pas l'acheteur, c'est qu'on l'attire, c'est qu'on le séduit; on le tente par le bon marché de la fabrication et le bas prix des transports! Ah! si vous voulez des débouchés, cherchez dans cette voie du bon marché de la fabrication et du bas prix des transports. Mais quand vous dépensez une centaine de millions en expéditions guerrières. Que faites-vous? Vous ne faites que charger le budget, grever le travail et diminuer le pouvoir d'achat du salaire; vous augmentez les prix de fabrication! Que voyons-nous en France, autour de nous? Nos industriels qui ne cessent de se plaindre de l'élévation de la main-d'œuvre et nos ouvriers qui nous disent: nos salaires sont beaucoup plus élevés qu'en Belgique. Et cependant le pouvoir d'achat de nos salaires est moins élevé qu'en Belgique.

M. Raoul Duval. — Parfaitement!

M. Vernhes. — C'est pour cela qu'on demande la protection.

M. Clemenceau. — En dépensant une

somme supérieure non seulement nous ne pouvons pas acheter davantage mais nous ne pouvons acheter autant. Pourquoi? C'est parce que le travail est grevé par vos impôts de consommation ; parce que lorsque vous accroissez les charges du travail vous fermez vos débouchés; parce que lorsque vous mettez un impôt sur la viande vous accroissez les charges du travail, vous fermez vos débouchés; parce que lorsque vous mettez un droit sur le sucre vous accroissez les charges du travail, vous fermez vos débouchés ; parce que lorsque vous maintenez cet impôt absurde et inique du sel qui est taxé au double de sa valeur — puisque une substance qui vaut 16 millions paye 32 millions au fisc et que lorsqu'une ménagère achète trois sous de sel elle en verse deux dans les caisses de l'Etat — lorsque, dis-je, vous maintenez tous ces impôts, ce sont autant d'entraves dont vous chargez le travail national, autant de débouchés que vous fermez. Les salaires peuvent hausser en apparence ; ils peuvent faire illusion aux industriels eux-mêmes qui se plaignent des réclamations des ouvriers qui — étant aux prises avec la dure nécessité de nourrir et d'élever leurs familles, payant l'impôt sur tous les objets de consommation, sur toutes les denrées de première nécessité, sur le pain, la viande, le sel, le sucre — sont bien forcés de demander l'augmentation de leurs salaires.

Voulez-vous faciliter l'ouverture des débouchés, commencez par abaisser le prix de la fabrication en déchargeant le producteur du poids écrasant des impôts de consommation, y compris l'octroi.

M. G. Périn. — Très bien!

M. Clemenceau. — Tandis qu'en augmentant incessamment les charges du budget, vous prétendez nous ouvrir des débouchés, il y a d'autres nations à côté de nous qui, n'ayant pas fait la dépense de ces expéditions coloniales..... (*Applaudissements à l'extrême gauche.*)

M. Raoul Duval.— C'est le salaire qui paye les fautes du gouvernement.

M. Clemenceau..... entrent en lutte avec nous sur le terrain même que nous avons choisi, et comme elles ont des budgets qui ne sont pas grevés des frais de ces expéditions, elles nous font une concurrence redoutable, elles nous enlèvent le commerce jusque dans nos propres marchés. Nous faisons la police pour elles et nous montons la garde pour qu'elles puissent commercer en toute sécurité et gagner de l'argent à nos dépens. Mais je ne veux pas m'attarder à cette discussion. Il serait bien aisé pourtant de démontrer comment un malheureux petit pays qui semblerait n'avoir pas de débouchés, qui ne confine pas à la mer, la Suisse, en a cependant d'énormes. Son exportation se chiffre par 960 millions, alors que le chiffre de notre exportation n'est que de 3 milliards et demi. Pour une population treize fois supérieure, nous avons des débouchés qui sont seulement trois fois supérieurs. Il nous faudrait exporter pour 11 milliards pour être, avec la Suisse, sur le pied d'égalité.

Vous nous avez dit : « Gardez-vous d'imiter la Suisse. » Eh bien ! voilà un pays qui ne fait pas de dépenses extravagantes pour des expéditions coloniales et qui a pourtant des débouchés supérieurs aux nôtres. C'est que le Suisse paie 17 francs d'impôts par tête et qu'un Français paie 98 francs ! Vous comprenez alors tout de suite que la question ainsi posée est résolue. C'est sur le producteur qu'il faut d'abord agir en le dégrevant pour faciliter les débouchés. L'acheteur ira de lui-même au bon marché. Lors donc que pour vous créer des débouchés vous allez guerroyer au bout du monde, lorsque vous dépensez des centaines de millions, lorsque vous faites tuer des milliers de Français pour ce résultat, vous allez directement contre votre but. Autant d'hommes tués, autant de millions dépensés, autant de charges nouvelles pour le travail, autant de débouchés qui se ferment. (*Très bien et applaudissements à l'extrême gauche.*)

Voilà pourquoi jusqu'à présent votre principale exportation dans les colonies nouvellement acquises, c'est le demi-milliard qu'elles nous ont coûté! Voilà les débouchés que nous avons trouvés! Nous avons pris l'argent français, l'argent des contribuables, qui serait productif en France où il aurait tant d'emplois utiles, et on l'a expédié au delà des mers d'où il ne reviendra plus!

Et vous comprenez qu'en se plaçant à ce point de vue, je ne suis pas disposé à chanter avec vous les louanges du traité de Tien-Tsin. Je ne veux pas entrer, je n'ai garde d'entrer, dans l'examen du traité. Le cadre de la discussion ne le comporte pas. Mais il m'est permis cependant d'en dire un mot. Vous avez dit : « Voyez les avantages de ce traité; il nous met à portée d'une nation de 400 millions d'habitants. » On se figure immédiatement 400 millions de Chinois prêts à accaparer tous les produits de l'industrie française.

Il faut en rabattre. Avoir pour voisin un pays de 400 millions d'habitants, cela doit-il être un sujet de joie ou un sujet d'inquiétude? Je me borne à poser la question. Des événements récents nous donnent sur ce point des indications dont nous ferons bien de profiter.

Et puis, on dirait vraiment que nous ne pouvions pas, jusqu'au traité de Tien-Tsin, commercer avec la Chine dans les mêmes conditions que les autres nations! Mettez en regard le chiffre ridicule de notre trafic avec la Chine et celui de l'Angleterre. Je sais bien qu'on nous avait vanté la voie du fleuve Rouge, mais ce fleuve Rouge n'est pas navigable; il faudra le remplacer par un chemin de fer.

Sans doute vous vous vantez d'avoir stipulé des avantages sérieux pour l'industrie française dans le traité de Tien-Tsin ; on ne s'est pas battu en vain. Comment donc ! La Chine qui va construire des chemins de fer fera appel à l'industrie française... à moins qu'elle ne fasse appel à une autre industrie. (*Rires à l'extrême gauche et à droite.*) Nous aurons un privilège qui sera le droit commun. (*Rires sur les mêmes bancs*).

Je puis même citer à ce propos, un cas assez curieux. On commence à mettre à exécution le traité de Tien-Tsin ; on commence à faire des chemins de fer en Chine. Seulement, ce n'est pas à la France qu'on s'adresse. Oh ! vous pouvez vous féliciter, l'exécution du traité est commencée, voici que le gouvernement chinois émet à Londres un emprunt de 40 millions — 1,500,000 livres sterling. — Il s'agit d'employer ces fonds à l'exploitation de quelques mines de charbon et à la construction d'un chemin de fer pour relier les districts houillers. On a commencé par s'adresser à Londres. J'ai même lu dans un journal anglais, à ce sujet, un dialogue assez singulier qui aurait eu lieu à Pékin. Il s'agissait de ce petit emprunt, et, pour dire la vérité, je dois déclarer que l'entreprise date d'avant le traité. (*Mouvement au centre.*) Mais, c'est bien simple ! La Chine a commencé par faire ses emprunts à Londres pour soutenir la guerre contre nous ; maintenant, elle continue à en faire pour développer son industrie. Elle continuera naturellement dans cette voie.

Voilà le résultat de la politique guerrière que vous avez suivie. Lorsqu'il s'est agi de faire cet emprunt, il y a eu une conversation entre les représentants de la Chine, de l'Allemagne et de l'Angleterre. Le représentant de l'Angleterre disait : Il faut nous donner cet emprunt, il faut acheter du matériel chez nous ; c'est nous qui vous avons aidé à faire la paix. Le représentant de l'Allemagne a dit : Il faut acheter aussi chez nous, c'est nous qui vous avons aidé à faire la guerre. Et alors, pour satisfaire les représentants des deux nations, on a commencé par appliquer, par anticipation, le traité de Tien-Tsin en s'adressant à nos deux voisins.

Que reste-t-il, dans votre convention commerciale, quand on l'examine de près ? Rien. C'est de la fantasmagorie pure ; cela ne résiste pas à l'examen : c'est beaucoup de bruit pour rien.

M. Préveraud. — Et beaucoup de sang !

M. Clemenceau. — Je passe maintenant au second point de vue, à la critique de votre politique de conquêtes au point de vue humanitaire...

M. E. Delattre. — Vingt mille cadavres !...

M. Clemenceou. — Nous avons des droits sur les races inférieures. Les races supérieures ont sur les races inférieures un droit qu'elles exercent et ce droit, par une transformation particulière, est en même temps un devoir de civilisation. Voilà, en propres termes, la thèse de M. Ferry et l'on voit le gouvernement français exerçant son droit sur les races inférieures en allant guerroyer contre elles et les convertissant de force aux bienfaits de la civilisation. Races supérieures ! Races inférieures ! C'est bientôt dit ! Pour ma part, j'en rabats singulièrement depuis que j'ai vu des savants allemands démontrer scientifiquement que la France devait être vaincue dans la guerre franco-allemande, parce que le Français est d'une race inférieure à l'Allemand. Depuis ce temps, je l'avoue, j'y regarde à deux fois avant de me retourner vers un homme et vers une civilisation et de prononcer : homme ou civilisation inférieure ! Race inférieure, les Hindous ? avec cette grande civilisation raffinée qui se perd dans la nuit des temps, avec cette grande religion bouddhiste qui a quitté l'Inde pour la Chine, avec cette grande efflorescence d'art dont nous voyons encore aujourd'hui les magnifiques vestiges ? Race inférieure, les Chinois? avec cette civilisation dont les origines sont inconnues et qui paraît avoir été poussée tout d'abord jusqu'à ses extrêmes limites? Inférieur, Confucius? En vérité, aujourd'hui même permettez-moi de dire que quand les diplomates chinois sont aux prises avec certains diplomates européens... (*Rires approbatifs sur divers bancs*), ils font bonne figure, et que, si l'on veut consulter les annales diplomatiques de certains peuples, on y peut voir des documents qui prouvent assurément que la race jaune, au point de vue de l'entente des affaires, de la bonne conduite d'opérations infiniment délicates, n'est en rien inférieure à ceux qui se hâtent trop de proclamer leur suprématie.

M. Paul de Cassagnac. — La race vosgienne!

M. Clemenceau. — Je ne veux pas juger au fond la thèse qui a été apportée ici et qui n'est pas autre chose que la proclamation de la puissance de la force sur le droit. L'histoire de France depuis la Révolution est une vivante protestation contre cette inique prétention.

M. Georges Périn. — Très bien!

M. Clemenceau. — C'est le génie même de la race française que d'avoir généralisé la théorie du droit et de la justice, d'avoir compris que le problème de la civilisation était d'éliminer la violence des rapports des hommes entre eux, dans une même société, et de tendre à éliminer la violence, pour un avenir que nous ne connaissons pas, des rapports des nations entre elles. (*Très bien! très bien!*)

Vous nous dites : lorsque les Européens se sont trouvés en contact avec des nations que vous appelez barbares — et que je trouve très civilisées — n'y a-t-il pas eu un plus grand développement de moralité, de vertus sociales. Peut-être. vous prononcez-vous trop vite! En êtes-vous bien sûrs? Est-ce qu'il y a eu moins de vertu sociale en Chine que dans tels pays d'Europe? Est-ce qu'aux îles Sandwich il y a la même moralité aujourd'hui qu'avant le moment où le capitaine Cook y a abordé? Regardez l'histoire de la conquête de ces peuples que vous dites barbares, et vous y verrez la violence, tous les crimes déchaînés, l'oppression, le sang coulant à flots, le faible opprimé, tyrannisé par le vainqueur! Voilà l'histoire de votre civilisation! Prenez-la où vous voudrez, et quand vous voudrez, soit en Amérique sous Cortez ou Pizarre, soit aux Indes....

M. Georges Périn. — Surtout aux Indes.

M. Clemenceau. — Lisez les discours de Burke, de Shéridan, de Fox, lisez le procès de Warren Hastings, le procès de Clive, et vous verrez combien de crimes atroces, effroyables, ont été commis au nom de la justice et de la civilisation. Je ne dis rien des vices que l'Européen apporte avec lui : de l'alcool, de l'opium qu'il répand partout, qu'il impose, s'il lui plaît. Et c'est un pareil système que vous essayez de justifier en France, dans la patrie des droits de l'homme, comme le disait M. Jules Maigne! (*Applaudissements à l'extrême gauche.*) Je ne comprends pas que nous n'ayons pas été unanimes ici à nous lever d'un seul bond pour protester violemment contre vos paroles. Non, il n'y a pas de droit de nations dites supérieures contre les nations inférieures; il y a la lutte pour la vie qui est une nécessité fatale, qu'à mesure que nous nous élevons dans la civilisation, nous devons contenir dans les limites de la justice et du droit. Mais n'essayons pas de revêtir la violence du nom hypocrite de civilisation. Ne parlons pas de droit, de devoir. La conquête que vous préconisez, c'est l'abus pur et simple de la force que donne la civilisation scientifique sur les civilisations rudimentaires, pour s'approprier l'homme, le torturer, en extraire toute la force qui est en lui au profit du prétendu civilisateur. Ce n'est pas le droit, c'en est la négation. Parler à ce propos de civilisation, c'est joindre à la violence l'hypocrisie. (*Très bien ! très bien ! à l'extrême gauche.*)

J'arrive à la théorie politique. Je passe sur Marseille, sur Toulon, qui seront « désormais défendus dans la mer des Indes »; je passe sur les cuirassés qui « tous les quatorze jours ont besoin de charbon », parce qu'ils sont supposés marcher à haute pression d'une manière continue, d'où la nécessité de remplacer le dépôt de charbon de Mayotte ou de Sainte-Marie par la conquête de l'île de Madagascar.

Je ne veux pas parler de cette théorie des colonies « faites pour la marine », d'après laquelle les livres de statistique sont menteurs, car ils donnent à la Norwège, pays de deux millions d'individus, qui n'a aucune espèce de colonie, une navigation à voile supérieure à la nôtre et un nombre de navires à vapeur inférieur d'un tiers seulement au nôtre.

Je passe sur toutes ces choses; elles ne valent pas la peine d'être discutées sérieusement. (*Approbation à gauche.*)

Ce que je veux examiner, c'est la théorie gouvernementale, la théorie civilisatrice, la théorie politique qui est au fond de toute cette discussion. On nous dit : le recueillement, l'abstention, l'effacement, c'est la décadence, c'est la ruine. Il faut l'activité guerrière; il faut se répandre dans le monde, s'emparer de territoires. Voilà comment on peut devenir un grand peuple !

Je commence par constater que c'est la première fois que l'on dit ouvertement ces choses. Oui, c'est la première fois qu'on recommande à un peuple comme un système, les expéditions guerrières continues,

Tous les gouvernements, quels qu'ils fussent, ont préconisé la paix; l'Empire lui-même ne pratiquait pas sa maxime, mais il disait : l'Empire c'est la paix.

Prenez, en Europe, tous les gouvernements qui se sont développés, fondés par la guerre; tous ces gouvernements formulent bien haut la théorie de la paix. Ils ne demandent rien, disent-ils, que des frontières assurées et ils ne rêvent rien que le développement pacifique de l'activité nationale.

C'est la première fois qu'un homme qui a été à la tête d'un gouvernement vient rétrospectivement faire la théorie de sa politique et dire : Ma politique c'est la théorie, non pas du rayonnement pacifique, mais du rayonnement par la guerre ; ma politique, c'est une succession d'expéditions guerrières aux quatre coins du monde ; ma politique, c'est la guerre ! Non pas la guerre en Europe — je ne veux pas donner aux paroles de M. Jules Ferry un sens et une portée qu'elles n'ont pas, — mais enfin la politique qu'il nous a exposée, c'est une série d'expéditions guerrières en vertu desquelles on fera plus tard des actes commerciaux profitables à la nation conquérante.

Voilà la théorie qui a été apportée à cette tribune. (*Réclamations au centre.*)

M. Delattre. — Tout le monde l'a entendue.

M. Paul de Cassagnac. — Oui, M. Jules Ferry a fait la théorie de la guerre !

M. Jules Ferry. — Vous poussez ma théorie aux derniers excès, monsieur, et vous en faites une caricature. (*Bruit à droite.*)

M. Clemenceau. — Je vais donner lecture des paroles de M. Jules Ferry : « Les nations, au temps où nous sommes, a-t-il dit, ne sont grandes que par l'activité qu'elles développent; ce n'est pas « par le rayonnement pacifique des institutions »... (*Interruptions à l'extrême gauche et à droite*) ... qu'elles sont grandes à l'heure qu'il est. »

Eh bien ! si ces paroles ont un sens, elles signifient que les nations ne pouvant être grandes par le rayonnement pacifique, elles ne peuvent être grandes que par le rayonnement de la guerre.

M. Jules Ferry. — Veuillez lire la suite, M. Clemenceau.

M. le président. — N'interrompez pas, vous vous expliquerez.

M. Langlois. — Comment !

M. le président. — Personne ne doit interrompre. (*Bruit au centre*). Est-ce que vous protestez contre ma manière d'exercer l'autorité disciplinaire ? J'ai cependant le droit et le devoir de rappeler les interrupteurs au silence. Chacun répondra à son tour et tout le monde aura la liberté de monter à la tribune. (*Très bien ! très bien !*)

M. Clemenceau. — Voici la suite : « Rayonner sans agir, sans se mêler aux affaires du monde, en se tenant à l'écart de toutes les combinaisons européennes, en regardant comme un piège, comme une aventure, toute expansion vers l'Afrique ou vers l'Orient, vivre de cette sorte, pour une grande nation, croyez-le bien, c'est abdiquer, et dans un temps plus court que vous ne pouvez le croire, c'est descendre du premier rang au troisième ou au quatrième rang. » (*Mouvements divers.*)

A gauche. — C'est bien cela. (*Bruit.*)

M. le président. — Les uns interrompent pour confirmer, les autres pour contredire. C'est l'orateur seul qui doit parler !

M. Clemenceau. — Ou vous parlez pour ne rien dire, ou vous avez voulu exprimer l'opinion que la théorie du rayonnement pacifique était une théorie d'abdication. C'est ce que vous avez voulu dire. Vous ne pouvez pas sortir de ce dilemme : ou bien vous acceptez la théorie de rayonnement de l'activité pacifique, — et vous avez dit que non, — ou bien l'activité que vous voulez déployer, vous voulez la porter dans la guerre.

Et, du reste, comment peut-il s'élever une discussion sur ce point ? Pourquoi, en effet, avez-vous apporté cette théorie à la tribune ? Pour justifier toutes les guerres que vous avez faites. (*C'est cela ! — Très bien ! très bien ! à l'extrême-gauche et à droite.*)

Je n'ai pas besoin de vous entendre, je n'ai pas besoin du *Journal officiel*. Je n'ai pas besoin de vos interruptions, il me suffit d'ouvrir les yeux et de considérer Madagascar, l'Annam, le Tonkin, la Tunisie, pour savoir comment vous entendez l'activité humaine, et pourquoi vous vous plaignez du rayonnement pacifique. (*Très bien ! très bien ! sur les mêmes bancs*).

Eh bien ! je dis que c'est la théorie de la guerre, je dis que cette politique est une politique fausse, lorsque, au lieu de la discuter en l'air, pour une nation en soi, on l'applique à la France actuelle. Je m'explique.

Voyons. La théorie de l'expansion de l'activité humaine, si on l'apporte à cette tribune, elle ne trouvera pas de contradicteur ! Qui donc, en effet, viendrait dire : Non, je ne veux pas que mon pays s'étende, qu'il aille porter au loin ses arts, son commerce et son industrie? Qui est ce qui a jamais soutenu une pareille thèse ? Personne.

Mais nous disons, nous, que lorsqu'une nation a éprouvé de graves, de très graves revers en Europe, lorsque sa frontière a été entamée, il convient peut-être avant de la lancer dans les conquêtes lointaines — fussent-elles utiles, et, j'ai démontré le contraire, — de bien s'assurer que l'on a le pied solide chez soi et que le sol national ne tremble pas. Voilà le devoir qui s'impose. Mais quand un pays est placé dans ces conditions, l'affaiblir en hommes et en argent, et aller chercher au bout du monde, au Tonkin, à Madagascar, une force pour réagir sur le pays d'origine et lui communiquer une puissance nouvelle, je dis que c'est une politique absurde, une politique coupable, une politique folle... (*Applaudissements à gauche et à droite.*)

M. Paul Bert. — Je demande la parole.

M. Clemenceau... qui a été d'ailleurs

jugée par les faits et condamnée. Quant à
moi, suivant le mot d'un orateur célèbre,
mon patriotisme est en France. Aussi, avant
de me lancer dans des expéditions coloniales, dans des expéditions militaires, qui
sont la caractéristique de votre politique,
M. Jules Ferry, j'ai besoin de regarder autour de moi. Et alors je songe au problème
politique qui s'est imposé aux représentants
de la République française, quand ils se sont
réunis pour la première fois dans les conditions que vous savez en 1870, et je vois un
pays dévasté par l'invasion ; je vois son histoire dans ce siècle même, qui n'est qu'une
longue succession de coups de force, de ré-
volutions, d'invasions ; je vois un pays que
nous avons reçu désorganisé, démembré, et
je me demande quel est le premier devoir
de ses représentants et des ministres qu'ils
mettent à leur tête ! N'est-ce pas triste de
penser que c'est en 1885, quinze ans après
1870 que nous sommes obligés de venir rappeler ces choses à la tribune française ! (*Très
bien à l'extrême gauche.*) Eh bien, mais
qu'est-ce qu'il y avait donc à faire chez
nous, et dans quelle direction notre rayonnement pacifique, notre activité laborieuse,
pouvaient-ils s'exercer ? Comment notre
génie national pouvait-il se développer ?
De quel côté devions-nous porter notre
effort ? Il fallait d'abord assurément s'oc-
cuper de l'armée, il fallait refaire une
armée. On y a travaillé, je le sais bien ; je
ne veux pas déprécier ce qui a été fait,
mais nous sommes tous d'accord pour reconnaître qu'il reste encore beaucoup à
faire. Vous savez bien que nous n'avons
pas la loi sur l'avancement, la loi de recru-
tement (*Réclamations sur quelques bancs*)
Non, nous n'avons pas la loi de recrute-
ment. Celle que nous avons votée est au
Sénat d'où elle ne reviendra pas d'ici longtemps, je le crains bien. (*Mouvements divers.*)

Un membre à gauche. — L'ancienne loi
subsiste !

M. Clemenceau. — Vous avez reconnu apparemment qu'elle était vicieuse puisque vous l'avez abrogée. Nous avons fait ce que nous avons pu, mais il reste encore beaucoup à faire. Nous n'avons pas d'armée coloniale et cependant nous avons engagé bien des expéditions coloniales ! Nous avons aujourd'hui, en temps de paix, 35,000 hommes au Tonkin, et, sachez-le bien, 35,000 hommes au Tonkin, c'est 100,000 hommes qui sont immobilisés. M. le ministre de la guerre ne me démentira pas; pour un homme qui est aux colonies, trois sont immobilisés, à cause du va-et-vient. 35,000 au Tonkin, c'est donc 100,000 hommes qui manquent, avec les cadres;

Encore, si ce n'était que 100,000 hommes, ce ne serait rien; si, du jour au lendemain, la France venait à perdre 100,000 soldats, ce serait sans doute une perte douloureuse très sensible pour nous, mais enfin, ce ne serait qu'un trou dans la masse, tandis que 35,000 hommes au Tonkin, qui peut nous dire combien d'hommes nous serons obligés d'envoyer là-bas pour les soutenir ? Qu'en savons-nous ? Nous avons commencé avec quelques centaines d'hommes; puis il en a fallu 20,000, et aujourd'hui il y en a 35,000. Combien en faudra-t-il dans un an ? Nous n'en savons rien, nous ne pouvons pas le dire. C'est la politique de l'imprévu : les événements nous conduisent. Nous avons fait la guerre avec 20,000 hommes au Tonkin; en temps de paix, aujourd'hui que le Tonkin nous est acquis, il exige 35,000 hommes; et nous ne sommes pas à That-Ké, à Thain-Quyen, à Caoobang, à Lang-Son, a Lao-Kai. Quand occuperons-nous tous ces points ? Quel sera le résultat de cette occupation ? Nous n'en savons rien. En face de quels ennemis risquons-nous de nous trouver ?

En Annam déjà, il n'y a plus de gouvernement : une garnison française occupe la citadelle de Hué. Quelle sera cette insurrection ? où se livreront les batailles ? quel secours trouveront les insurgés dans les populations du haut Laos qui s'agitent ?

C'est l'inconnu, et avec une armée dans la situation que je viens d'indiquer, avec des expéditions engagées à plus de 3,000 lieues de la France.

Dans ces conditions on n'hésite pas cependant à entreprendre une autre expédition à Madagascar où la fièvre dévore nos soldats. Il y a à Madagascar, à l'heure actuelle, des hommes qui ont fait la guerre au Tonkin, à Formose. Vous jugez dans quel état sont ces soldats. Il faut les remplacer au plus vite. Et alors ce sont les hommes valides qui partent, ce sont ceux de la métropole.

Au commencement, quand on envoyait les hommes par petits paquets on discutait leur nombre à la Chambre, Je me rappelle que l'on disait : 1,000, 2,000 hommes cela ne nuit pas à la mobilisation. Oui, Messieurs, on établissait que cela ne nuisait pas à la mobilisation et M. Ferry, à propos de la Tunisie montait au Capitole et déclarait qu'il venait de donner une colonie à la France sans avoir enlevé un soldat à la mobilisation. On avait fait cette expédition avec les quatrièmes bataillons. J'aurais beaucoup à dire là-dessus ; je pourrais vous parler d'un bataillon de chasseurs à pied dont on a dû verser les réservistes dans un régiment d'infanterie du midi et vous verriez comment on n'a pas touché à la mobilisation. Mais ce n'est pas là la question.

Aujourd'hui on n'ose plus dire qu'on n'a pas touché à la mobilisation : c'est une chose incontestable qu'on a dépassé la mesure. Vraiment, lorsque vous vous lancez dans ces aventures, lorsque vous dites : Aujourd'hui le Tonkin, demain l'Annam, après-demain Madagascar, puis Obock, — car il y a à l'ordre du jour un projet qui concerne Obock, — lorsque je vois de nouvelles folies succéder aux anciennes déjà commises, je déclare que je garde mon patriotisme pour la défense du sol national, et qu'au nom de mon patriotisme, je condamne votre coupable imprévoyance! (*Applaudissements à l'extrême gauche.*)

M. Brialou. — Voilà le vrai patriotisme!

M. Clemenceau. — Et les finances de la République? Ah! je ne prétends pas qu'il soit aisé de les établir, et, quant à moi, je le dis bien franchement, en présence des grandes difficultés en face desquelles s'est trouvé de tout temps, même aux époques prospères, le gouvernement de la République, je regarderais à deux fois avant de les critiquer avec une impitoyable rigueur.

Nous avons la plus grande dette du monde, qui nous a été léguée par la monarchie. On l'a assez répété à cette tribune; mais l'argument n'a peut-être pas toute la portée que certains s'imaginent. Nous avons une armée permanente de terre et de mer qui nous coûte un milliard, sans compter la perte résultant de la non-production des hommes sous les drapeaux! Nous avons de ce chef tout d'abord une charge formidable et dont notre malheureux budget est écrasé; si vous ajoutez un milliard pour la dette, 350 millions pour les frais de perception de l'impôt, il reste à peine 650 millions pour nos dépenses utiles!

Voilà donc des finances difficiles, surtout quand on considère comme étant du devoir d'un gouvernement républicain, animé d'un esprit véritablement démocratique, de ne laisser aucuns travaux urgents en souffrance, quand il reste à perfectionner notre outillage industriel, à développer nos voies de transport, à améliorer nos ports, à achever les écoles, notre réseau vicinal.

Je n'ai pas à examiner si ce qu'on en a fait, a été bien fait, bien réglé, ce n'est pas la question qui me préoccupe actuellement. — Je dis qu'il faut continuer ces travaux et même en faire d'autres — mais comment avec une pareille charge en Europe, dans la situation où nous sommes, dans la situation des Etats qui nous entourent, quand nous avons un budget aussi difficile à régler, nous allons de gaîté de cœur, du jour au lendemain, faire des placements de père de famille (*Sourires à gauche*) qui rapporteront on ne sait quoi, on ne sait quand. Nous allons dépenser 500 millions quand nous manquons de ressources pour les écoles et nos travaux publics.

Lorsque le rapporteur du budget, M. Jules Roche, se tournant vers les membres de la droite, leur disait : « Pour l'argent que nous avons dépensé, nous avons des contre valeurs, des écoles, des chemins de fer qui nous rapporteront, qui seront une source de bénéfices pour nous, un élément d'activité et de production pour notre pays, » certainement, il avait raison, il disait la vérité ; mais il ne la disait pas tout entière, et, en pareil cas il faut la dire complétement. La vérité c'est qu'on gaspillait en même temps l'argent dans des expéditions ruineuses. Voilà la vérité ! (*Applaudissements sur divers bancs à gauche.*)

Et plus vous êtes obligés par devoir envers la démocratie française à faire ces dépenses, plus vous devez vous modérer, vous régler, faire de bonnes et solides finances et plus vous devez regarder à deux fois avant de vous lancer dans des opérations, dont nul ne peut prévoir la fin.

Pour le Tonkin, le gouvernement n'a pas pu, ne pouvait pas dire quelles dépenses nécessiterait l'occupation. Est-ce que nous les connaissons ? Pendant combien de temps les millions seront-ils inscrits au budget pour le Tonkin ? Savons-nous s'il ne faudra pas en inscrire de nouveaux pour Madagascar ou pour d'autre pays ?

En supposant que la théorie de M. Jules Ferry sur les profits des expéditions coloniales soit jamais justifiée, les dépenses de cet ordre ne sont jamais que des dépenses de luxe. Avant de vous abandonner au luxe, faites donc pour une heure la politique du « pot au feu », donnez le pot au feu, les écoles, les travaux d'outillage. Pendant que vous êtes perdus dans votre rêve colonial, il y a à vos pieds des hommes, des Français, qui demandent des dépenses utiles, fructueuses au développement du génie français et qui vous aideront en augmentant la production, en la faisant à meilleur compte, à trouver ces fameux débouchés que vous fermez par vos expéditions guerrières! (*Très bien! très bien! Applaudissements sur divers bancs.*)

Il y a la question politique. On n'en a rien dit, on l'a oubliée, elle a disparu des préoccupations de M. Jules Ferry. Mais elle subsiste, vous êtes en face d'un pays où se dressent les problèmes les plus graves pour une nation, à savoir comment vous pouvez organiser un gouvernement régulier fondé sur le principe de la Liberté. Depuis cent ans tous nos gouvernements sont venus échouer contre la Révolution. Réussirons-nous à organiser, à régler l'évolution pacifique au grand bénéfice de tous. Est-ce que ces préoccupations ne sont pas dignes d'une grande nation et de ses représentants? Quelles seront les réformes à accomplir et de quel côté devrons-nous porter nos regards et dans quel sens nous efforcerons-nous de diriger l'activité nationale?

Et l'éternelle question sociale qui gronde dans les ateliers, qui se pose à Berlin d'une manière si aiguë, et qui en Angleterre a été posée avec tant d'éclat par un membre même du gouvernement? Vous trouvez qu'il n'y a pas là un domaine suffisant pour une ambition humaine, et que l'idée d'augmenter la somme de savoir, de lumière dans votre pays, de développer le bien-être, d'accroître la liberté, le droit, d'organiser la lutte contre l'ignorance, le vice, la misère, d'organiser un meilleur emploi des forces sociales, vous ne trouvez pas que tout cela puisse suffire à l'activité d'un homme politique, d'un parti? En vérité, permettez-moi de vous dire que votre ambition est bien haute!

Quand un homme d'Etat ose même regarder en face une pareille œuvre, lorsqu'il ne trouve rien à conseiller à une nation, sinon de partir en guerre aux quatre coins du monde, s'il ne comprend pas que la première condition du progrès qu'il veut servir, c'est la paix, s'il formule une doctrine de guerre, c'est peut-être un grand homme dans le sens vulgaire du mot, ce n'est pas un démocrate !

En vous écoutant il me semble entendre M. de Moltke disant : « La paix est un rêve, et ce n'est pas un beau rêve. » Eh bien c'est le rêve de la démocratie. (*Applaudissements à l'extrême gauche.*)

Oui c'est le rêve de la démocratie ! La démocratie ne rêve rien que le développement de l'activité humaine dans la liberté et dans la justice. (*Nouveaux applaudissements sur les mêmes bancs*). Voyez-vous, ce pays est bien malheureux : Il lui fallait un homme médiocre, un homme de bon sens, il est tombé sur un homme de génie. (*Rires. — Mouvements divers.*)

Oui, nous avons eu le malheur de tomber sur un homme de génie, ou plutôt sur un esprit aventureux, obstiné, marchant les yeux au ciel, confiant dans son étoile, sans daigner regarder à terre. Eh bien ! vous avez touché terre maintenant, M. Jules Ferry ! Regardez autour de vous, regardez le suffrage universel, regardez les élections qui se préparent ! (*Très bien ! très bien ! à l'extrême gauche.*)

Je ne viens pas faire des prédictions; cela est trop aisé. Je viens vous dire : regardez les élections qui se préparent ; mettez-vous pour un moment dans l'esprit de l'homme, ouvrier, industriel, paysan, petit bourgeois, commerçant, à qui vous allez parler bientôt. Qu'est-ce que vous lui direz ? Vous lui parlerez de ses intérêts développés ? Il vous répondra avec la situation économique, avec le budget. Vous lui parlerez de la situation de la France en Europe ? Il vous répondra par les articles de journaux allemands, comme celui dont je vous donnais lecture il n'y a pas longtemps à cette tribune, où il était dit : « Grâce à la politique coloniale, la France est l'obligée de l'Allemagne. » (*Rumeurs au centre*)

M. Eugène Delattre. — Discutez, mais ne murmurez pas.

M. Clemenceau. — Il vous répondra en vous rappelant les humiliations que nous devons à votre politique de conquêtes; il vous répétera ce mot de M. de Bismarck: « Les colonies, nous n'en avons pas besoin; nos compatriotes peuvent aller commercer partout; si l'un d'eux était molesté dans telle colonie, la question pourrait se régler en avant de Metz.» Il vous répondra quand vous lui parlerez de vos aventures lointaines et de la gloire que vous avez acquise, ce qu'on dit partout en Europe, ce que je trouve dans un livre que vous avez cité l'autre jour, M. Jules Ferry, et que vous n'avez pas lu, sans doute. — Je fais allusion à un ouvrage de M. Seeley. — Vous avez affirmé que M. Seeley avait dit le dernier mot de la politque coloniale.

M. Jules Ferry. — Je n'ai pas dit cela.

M. G. Périn. — Vous avez dit « élucidé. »

M. Clemenceau. — Votre expression est au *Journal officiel.*

Vous avez dit « qu'il a élucidé toutes ces questions. »

Eh bien ! vous allez voir comment il a élucidé votre politique; car il l'a particulièrement élucidée votre politique ! Il y a dans son livre un passage que vous auriez pu lire, il se trouve quelque lignes plus bas que la citation que vous avez faite. M. Seeley discute la question de savoir si on doit abandonner l'Inde, parce qu'il constate que l'Inde est un très grand embarras pour l'Angleterre au point de vue européen. (*Rires au centre.*) Ceux qui rient montrent tout simplement qu'ils ne connaissent pas les premiers éléments de la question. Leurs rires prouvent tout simplement leur ignorance!

M. Camille Pelletan. — Ils prennent l'Inde pour le Tonkin. (*On rit.*)

M. Clemenceau, *traduisant* : « Dans l'état présent du monde — une dépendance — je traduis mot à mot — gardée par une force militaire, peut facilement se comparer à une meule autour du cou d'une nation, car elle peut immobiliser une armée dont la nation peut avoir le besoin le plus urgent pour d'autres desseins ou même pour sa défense. Nous concevons tous avec quelle satisfaction M. de Bismarck voit dans le moment présent la France poursuivre des plans de conquête en Afrique et en Asie. »

Voilà comment votre politique d'entreprises coloniales est jugée par celui dont vous proclamez la compétence en cette matière. Il est partisan de l'expansion coloniale, mais il condamne vos expéditions guerrières, parce qu'elles ne sont pas des entreprises coloniales. (*Très bien! très bien! sur divers bancs à gauche.*)

Quand vous vous retrouverez en face de vos électeurs, vous ne leur parlerez pas de politique extérieure. Vous ne leur parlerez pas des grandes réformes que vous aurez accomplies; et si pour programme on arborait le discours que M. Jules Ferry a prononcé avant-hier; si, par impossible, vous aviez réussi à solidariser le parti républicain tout entier avec les doctrines que vous avez apportées à la tribune, vous auriez porté à la République tout entière un coup mortel. (*Très bien à l'extrême gauche.*)

Non, ce n'est pas de guerre qu'il faut parler aux électeurs. Il faut leur parler de la paix qui est la condition première du travail humain. Ces nouvelles couches sociales qui arrivent à la vie publique, pour agir sur elles, pour faire leur éducation politique et économique, pour les entraîner dans la voie d'évolution pacifique où nous voulons les conduire, il faut leur parler un langage qu'elle comprennent : D'abord le langage de leur intérêts légitimes, d'une meilleure répartition de la justice dans l'ordre économique et social ; il faut leur parler d'une meilleure distribution de l'activité sociale et de ses produits. Il faut en même temps diriger leurs regards vers un idéal. Ah ! pas votre idéal sanglant ! pas l'idéal dont vous avez parlé avant-hier ! pas cet idéal de luttes, de guerres perpétuelles aux quatre coins de l'univers ! Non, il faut leur parler de l'activité humaine plus libre, du droit humain agrandi, il faut leur montrer en préparation dans le monde la grande paix républicaine. (*Très bien ! très bien !*)

C'est ainsi que vous entraînerez tout le parti républicain.

Mais lorsque vous arriverez avec vos théories faites après coup pour justifier une politique monarchique, prenez garde ! Sur ce terrain les monarchistes auront raison contre vous, car pour faire de la politique monarchique, s'il était vrai que celle-là seule fût possible, on pensera naturellement qu'il vaut mieux prendre des monarchistes, tandis que pour l'œuvre de l'organisation de la République il faut des républicains, il ne faut que des républicains. (*Très bien ! très bien ! à l'extrême gauche. Interruptions au centre.*)

M. Clemenceau. — Que dites-vous, monsieur ?

M. le président. — N'appelez pas les interruptions, monsieur Clemenceau !

M. Clemenceau. — Je ne les appelle pas. C'est un monsieur qui m'adresse une interruption impertinente !

M. le président. — Vous ne l'avez pas entendue ; il ne faut pas demander à son auteur de la répéter. Il y a renoncé. (*On rit*).

M. Clemenceau. — Messieurs, j'exerce ici mon droit, je crois, dans une juste mesure. (*Très bien ! très bien ! sur divers bancs.*) Je suis uniquement préoccupé à l'heure actuelle, du danger que ferait courir au parti républicain, à la République, à la France, la politique néfaste qui a été suivie pendant quatre années dans ce pays et dont la théorie a été audacieusement apportée à cette tribune par M. Jules Ferry à la dernière séance. (*Applaudissements.*)

Messieurs, j'ai parlé trop longtemps, j'ai fini. (*Parlez ! parlez !*)

Un dernier mot.

Il y a eu dans les paroles que vous avez entendues, dans l'exposé qui a été fait, il y a eu autre chose qu'une simple théorie politique qui vient s'affirmer, il y a eu — ce mot doit m'être permis, je ne veux blesser personne — il y a eu une manœuvre parlementaire... (*C'est vrai ! très bien ! très bien ! à l'extrême gauche et à droite*) d'un ancien ministre tombé sur une question d politique coloniale...

M. Paul de Cassagnac. — Chassé !

M. Clemenceau... cherchant à se solidariser avec le ministère qui l'a remplacé, cherchant à se dérober derrière lui, à s'en faire un bouclier contre le ressentiment du pays... (*Applaudissements à l'extrême gauche et à droite. — Rumeurs à gauche et au centre.*) cherchant à solidariser la politique des expéditions militaires avec la politique de liquidation des expéditions militaires. Cette politique de liquidation, je ne la juge pas; quand on liquide des opérations de ce genre on ne fait pas toujours comme on veut, on est plus ou moins heureux, et je ne veux pas en ce moment entrer dans l'examen des détails. Mais ce qui a été dit à cette tribune m'oblige à rappeler certains souvenirs. La chute du précédent cabinet, le 31 mars dernier — il faut le répéter, car on va dans le pays disant le contraire — n'a pas été le produit du hasard, le résultat d'un affolement. (*Applaudissements à l'extrême gauche et à droite. — Interruptions diverses.*)

Voyez, messieurs, comme la confiance décroissait dans la série des ordres du jour relatifs à l'expédition du Tonkin; examinez la séance du 29 mars et sa fin; voyez l'ordre du jour de M. Ribot qui nous demandait de voter des encouragements à l'armée, et rappelez-vous le gouvernement feignant de s'approprier cet ordre du jour qui ne le concernait pas, cherchant à se cacher derrière l'armée pour ainsi dire. (*Très bien ! très bien ! à l'extrême-gauche et à droite.*) Il a fallu que je monte à la tribune pour obtenir de lui qu'il se contentât de l'ordre du jour pur et simple. (*Applaudissements à l'extrême-gauche et à droite*).

Et le 31 ! Le 31, le gouvernement prononce ce mot : « Messieurs, nous ne vous demandons pas votre confiance. » Oui, voilà ce que vous avez dit ! Ce jour-là, vous vous êtes renversés vous-mêmes.

M. Georges Périn. — Très bien !

M. Clemenceau. — Quand un gouvernement a prononcé ces paroles : « Nous ne vous demandons pas votre confiance », ce n'est pas la Chambre qui le renverse, c'est lui qui disparaît, écrasé sous le poids de sa responsabilité. (*Applaudissements à l'extrême gauche et à droite.*)

Faut-il vous rappeler les séances qui ont eu lieu en dehors de cette enceinte où des amis du gouvernement, que je pourrais nommer, des meilleurs, des plus solides, des chefs de la majorité sont allés lui demander sa démission. (*Très bien ! à l'extrême gauche et à droite*).

M. Jules Ferry. — C'est en cela précisément qu'a consisté l'affolement. (*Exclamations et applaudissements ironiques à l'extrême gauche et à droite*).

M. G. Périn. — Vous auriez dû essayer de guérir les affolés !

M. le président. — Je pense que l'interrupteur a entendu appliquer l'expression dont il vient de se servir aux démarches qui ont été faites auprès de lui car je ne pourrais pas lui permettre de l'appliquer au vote de la Chambre. (*Vifs applaudissements à l'extrême gauche et à droite.*)

M. Clemenceau. — Il me semble, messieurs, qu'un gouvernement qui avant toute discussion se présente devant une Chambre on lui disant: « Nous ne vous demandons pas votre confiance », partage l'affolement qu'il reproche à ses amis. (*Très bien ! très bien !*)

M. Jules Ferry *se lève de son banc.*

Sur divers bancs. — Assez ! assez !

M. Paul de Cassagnac. — C'est l'affolement de l'impudence !

A gauche et au centre. — A l'ordre ! à l'ordre !

M. le président. — Veuillez faire silence, messieurs !

M. Emmanuel Arène. — Je constate qu'on insulte M. Ferry sans que l'interrupteur soit rappelé à l'ordre !

M. le président. — Monsieur Paul de Cassagnac... (*Bruit.*)

M. Ernest Dréolle. — Rappelez-nous tous à l'ordre !

M. le président. — Voulez-vous, Messieurs, me permettre de remplir mes fonctions?

Je pense que M. Paul de Cassagnac va expliquer ses paroles, car, si elles s'adressaient à un de ses collègues, elles tomberaient sous le coup d'un article du règlement et rendraient leur auteur passible de la censure que je serais obligé de provoquer contre lui.

M. Paul de Cassagnac. — Je dis que lorsqu'un ministre, un président du conseil, est sorti, il y a si peu de temps de cette enceinte dans l'attitude qu'il avait, dans l'attitude qu'il était obligé de s'imposer à lui-même devant le Parlement tout entier...

M. Emmanuel Arène. — Pas tout entier ! Et les 149 ?

M. Paul de Cassagnac. — Devant le Parlement tout entier, puisque ses amis mêmes n'osaient pas le défendre ce jour-là, je dis lorsqu'il vient tenir le langage qu'il tient ici, qu'il a l'attitude qu'il ose garder ici devant le pays... (*Exclamations à gauche et au centre. — Très bien ! très bien ! à droite et à l'extrême gauche*).

M. Emmanuel Arène. — On applaudit à l'extrême gauche !

M. Paul de Cassagnac. — ... Lorsqu'il vient parler de l'affolement de la Chambre, j'ai le droit de dire que, s'il y a un affolement ici, c'est le sien, et que cet affolement est l'affolement de l'impudence. (*Très bien! très bien! et applaudissements à droite.*)

M. le président. — M. de Cassagnac, vos explications n'ont fait qu'aggraver l'outrage que vous avez adressé à l'un de vos collègues.

M. de Baudry d'Asson. — C'est le sentiment du pays!

M. le président. — En conséquence, je suis obligé de vous dire que vous êtes tombé sous le coup du paragraphe 4 de l'article 123 du règlement qui porte : « La censure est prononcée contre tout député qui aura adressé à un ou plusieurs de ses collègues des injures, provocations ou menaces... »

A droite. — Il n'y a ni injure ni menace!

M. le président. — Je n'ai pas besoin de rappeler les paroles qui ont été prononcées : la Chambre a parfaitement compris qu'elle constituaient une injure.

Je suis obligé de consulter la Chambre sur l'application de la censure à M. de Cassagnac.

(La censure, mise aux voix, est prononcée.)

M. de Baudry-d'Asson. — M. de Cassagnac est au-dessus de cela!

M. Paul de Cassagnac. — Et M. Ferry est au-dessous. (*Bruit.*)

M. Clemenceau. — Je dis, messieurs, que ce jour-là le gouvernement s'est abandonné lui-même en venant déclarer qu'il n'osait pas demander à la Chambre sa confiance. Je dis qu'il a été abandonné par tous ses amis... (*Protestations sur divers bancs*) car les délégués des 149, ceux qui sont venus discuter avec nous dans les réunions de bureaux la question de savoir quelle procédure serait suivie à la Chambre, sont ceux-là même...

M. le baron de Marçay. — Les 149 n'ont pas eu de délégués!

M. Langlois. — Parfaitement ! je n'ai délégué personne ! (*Mouvement prolongé.*)

M. Clovis Hugues *prononce des paroles qui se perdent dans le bruit.*

M. Langlois *quitte sa place et se dirige vers M. Clovis Hugues en gesticulant vivement.*

Plusieurs de ses collègues lui barrent le passage. (Tumulte, agitation.)

Voix à droite. — Et l'article 123, monsieur le président ! Il y a provocation.

M. le baron des Rotours *et d'autres membres à droite.* — Nous demandons la censure pour ces faits de violence. (*Agitation.*)

M. le président. — Comment voulez-vous que le président puisse intervenir au milieu d'un tumulte pareil. (*Le bruit continue.*) Si la Chambre ne rentre pas dans le silence, je vais être obligé de suspendre la séance... (*Non ! non !*)

M. de Baudry-d'Asson. — Personne ne demande de suspension de séance, monsieur le président !

M. le président. — Messieurs, il est impossible que de pareils tumultes se produisent...

Un membre au centre. — Empêchez-les !

M. le président. — Monsieur, vous qui me dites : « Empêchez-les ! » je suis prêt à vous céder avec le plus grand plaisir les fonctions que j'exerce. (*On rit.*) Mais je vous demande de quelle façon il est possible à un homme d'empêcher un tumulte matériel et les explosions qui se produisent dans une Assemblée. Toutes les fois que j'ai pu saisir une interruption ou un acte contraire à la discipline de l'Assemblée, vous avez vu que je les ai réprimés de quelque côté qu'ils se produisent et avec une sévérité qui me coûte, je vous prie de le croire, mais il est impossible d'exercer la police de l'Assemblée au milieu d'un tumulte général, et les paroles qui ont été prononcées tout à l'heure, n'ont été entendues ni par la sténo·

graphie ni par le bureau. (*Exclamations sur divers bancs.*)

M. Clovis Hugues. — Je demande la parole pour un fait personnel. (*Bruit*).

Une voix à droite. — Nous demandons la censure contre l'auteur des paroles qui ont été prononcées.

M. Paul de Cassagnac. — Je demande la parole pour un rappel au règlement.

M. le président. — Laissez d'abord finir l'orateur. Soyez sûr que si j'avais entendu des paroles outrageantes, je les aurais réprimées. Je ne les connais même pas.

M. Paul de Cassagnac. — Et les gestes !

M. le président. — ...Je ne les connais même pas à l'heure présente.

M. Clovis Hugues. — Je vais vous les dire.

M. le président. — Non, je vous prie de ne pas les répéter.

M. Paul de Cassagnac. — Monsieur le président, j'ai demandé la parole pour un rappel au règlement.

M. le président. — Vous avez demandé la parole pour un rappel au règlement. Je vous répondrai par la lecture de l'art. 91 du règlement. (*Bruit.*)

A ce moment M. Clovis Hugues quitte son banc et se dirige vers l'hémicycle en adressant à la gauche des paroles que le bruit empêche d'entendre. (Agitation.)

Voix à droite. — L'art. 123 ! Lisez l'article 123 ! La censure.

M. Paul de Cassagnac. — Monsieur le président, donnez-moi la parole pour un rappel au règlement.

M. le président. — Monsieur, vous oubliez, et tout le monde oublie en ce moment, que nous délibérons en présence du pays qui va nous juger dans quelques jours. J'invite tout le monde au silence, et sans insister sur des paroles que, je le répète, je n'ai pas entendues, et qu'il vaut mieux à mon sens, mettre en oubli (*Très* bien ! *très bien* ! à *gauche*.), j'invite l'orateur à continuer.

M. Paul de Cassagnac. — Oui, mais pas avant que vous ne m'ayez donné la parole pour un rappel au règlement. (*Bruit*.)

M. le président. — On me fait l'injonction de donner la parole...

M. Paul de Cassagnac. — Pour un rappel au règlement !

M. le président. — Je réponds par la lecture de l'article 91 :

« Les demandes d'ordre du jour, de priorité et de rappel au règlement ont toujours la préférence sur la question principale ; elles en suspendent la discussion.....

M. Paul de Cassagnac. — Eh bien ?

M. le président. — « Toutefois elles ne peuvent se produire tant que l'orateur n'a pas achevé son discours. »

Monsieur Clemenceau, veuillez continuer. (*Très bien* ! *très bien* ! à *gauche*.)

M. le comte de Lanjuinais. — Lisez donc l'article 123 que vous oubliez !

M. le président. — J'ai répondu par l'article 91 du règlement dont le dernier paragraphe dit : « Toutefois elles (les demandes de rappel au règlement) ne peuvent se produire tant que l'orateur n'a pas achevé son discours. Lorsque M. Clemenceau aura achevé son discours, avant que la discussion soit terminée, M. de Cassagnac, conformément au règlement aura la parole. (*Bruits à droite*).

M. Clemenceau. — Laissez-moi finir, messieurs, je n'en ai que pour deux minutes !

M. Paul de Cassagnac. — Le règlement n'est pas appliqué !

M. Ernest Dréolle. — Il y a eu provocation tout à l'heure.

Voix à gauche. — Assez ! assez ! Parlez, monsieur Clemenceau.

M. Clemenceau. — Messieurs, vous m'êtes témoins que je n'ai rien fait pour provoquer ce tumulte (*Non* ! *non* ! *c'est vrai* !) Si j'ai fait allusion à ces faits

délibérément, dans un dessein politique que vous allez apercevoir, et voilà
pourquoi je vous demande la permission de
continuer. On a cherché à faire sur la chute
du ministère une légende que, quant à moi,
d'après le discours d'avant-hier, je crois
nécessaire de détruire définitivement. Je
veux essayer de le faire avant de descendre de la tribune. (*Très bien ! très bien !
à l'extrême gauche et à droite.*) Je dis et
je répète qu'il y a eu des délibérations entre
les principaux chefs de groupes. Je dis que
les principaux membres de l'Union républicaine — je ne nomme personne, mais je
pourrais citer les noms, — sont venus
nous dire qu'il y avait nécessité de voter contre M. Jules Ferry, mais qu'il fallait
d'abord voter 50 millions. La discussion s'est
établie sur la question de savoir à quel moment devait être renversé M. Jules Ferry,
mais tous, nous avons été unanimes pour le
renverser. Voilà la vérité (*Applaudissements à l'extrême gauche et à droite*). Si
vous m'y contraignez, je ferai connaître les
noms, et tout le monde verra que ce que je
dis je suis en mesure de le prouver.

M. Georges Laguerre. — Personne
ne peut démentir ce que vous dites.

M. Clemenceau. — Je dis M. Jules
Ferry, que sans discussion vous avez quitté
cette Chambre et qu'aussitôt hors de cette enceinte vous avez commencé à faire une publi-
cité d'une nature particulière sur les événements auxquels je viens de faire allusion.
Vous avez rempli les journaux de vos lettres
et, dans une de ces lettres, vous chef de gouvernement vous ancien président du conseil,
vous, ancien ministre des affaires étrangères, vous avez osé écrire que votre
pays était la risée de l'Europe. Voilà ce
que vous avez dit. (*Bruyantes exclamations à l'extrême gauche et à droite*).

M. Jules Ferry. — C'est inexact.

M. Georges Périn. — C'est textuel,
monsieur, vous l'avez dit textuellement.

M. Jules Ferry. — Je ne l'ai pas dit.

M. Georges Périn. — Si, monsieur ! Il est fâcheux que vous ayez aussi peu de mémoire.

M. Laguerre *et beaucoup d'autres membres à l'extrême gauche.* — Lisez la lettre, monsieur Clemenceau ! Lisez !

M. Clemenceau. — C'est une lettre datée de Sorrente, le 28 mai 1885, adressée à M. Henri Lavertujon, directeur du *Petit Centre*, à Limoges. Vous y dites : « Savez-vous, monsieur, que cette étrange procédure » — vous parlez de la mise en accusation — « fait de nous la risée de l'Europe ? » (*Nouvelles exclamations à l'extrême gauche et à droite. — Applaudissements sur divers bancs au centre et à gauche.*)

M. Baudry-d'Asson. — Ce sont les complices qui applaudissent !

M. Clemenceau. — J'espère que les applaudissements qui ont accueilli cette lecture seront mentionnés au *Journal officiel*. Car vous oubliez qu'il n'y a pas que l'extrême gauche qui a demandé la mise en accusation de M. Jules Ferry.

Voix à gauche. — Il y a aussi la droite ?

M. de Baudry d'Asson. — Oui, nous avons eu l'honneur de la demander et nous le revendiquons.

M. Clemenceau. — Ne vous hâtez pas de triompher, monsieur ! Il y a un homme qui a été au feu, que vous avez envoyé à Formose et qui y est mort et qui a le droit de se lever contre vous.... (*Applaudissements à droite et à l'extrême gauche ! Rumeurs sur divers bancs à gauche et à droite*). Vous lui avez voté des funérailles nationales... (*Nouveaux applaudissements sur les mêmes bancs à l'extrême gauche et à droite. Nouvelles exclamations sur divers bancs à gauche et au centre*). Eh bien je les attends, ces funérailles, et je veux voir si vous suivrez le cercueil ! (*Même mouvement sur les mêmes bancs*).

Eh bien, ce jour-là, Messieurs, rappelez-vous ces paroles de l'amiral Courbet : « Et il ne s'élèvera point dans les deux Chambres une majorité de révolte pour obtenir la mise en accusation de l'homme sinistre à qui la France doit ses malheurs et ses humiliations! » (*Vifs applaudissements à droite et à l'extrême gauche. Interruptions sur divers bancs à gauche et au centre.*)

Voilà votre condamnation !

M. Paul de Cassagnac. — Censurez donc ce mort !

M. Clémenceau. — Et c'est après avoir gardé une telle attitude de défi vis-à-vis de la Chambre qui vous avait renversé, que vous avez fui la discussion quand on vous l'a offerte sur les événements du Tonkin! Et c'est après avoir gardé le silence quand il fallait parler, que vous êtes remonté à cette tribune quand on ne pouvait plus discuter vos actes, et c'est alors que, profitant de ce qu'on ne pouvait plus vous mettre en cause, vous avez essayé de solidariser la politique du ministère actuel avec la politique condamnée le 31 mars! Voilà où est la manœuvre, et je la dénonce. (*Très bien! très bien! à l'extrême gauche et à droite.*)

Eh bien! si le vote du 31 mars est non avenu, si vous n'avez pas été renversé du pouvoir, si vous êtes encore debout aujourd'hui, qu'on le dise, que votre majorité le dise! Quant à nous, nous avons confiance dans le gouvernement, il est notre espoir pour la réorganisation du parti républicain· (*Exclamation à gauche et au centre.*) Mais il faut qu'on sache dans le pays si, vous déchu, vous tombé du pouvoir, vous avez la prétention d'accaparer encore le gouvernement; nous voulons savoir qui est ministre, de M. Brisson ou de M. Ferry. (*Exclamations à gauche et au centre.*) Nous demandons : Où est le ministère? où est la politique? (*Très bien! très bien! Double salve d'applaudissements à l'extrême gauche et à droite. L'orateur, en retournant à sa place reçoit les félicitations de ses amis.*)

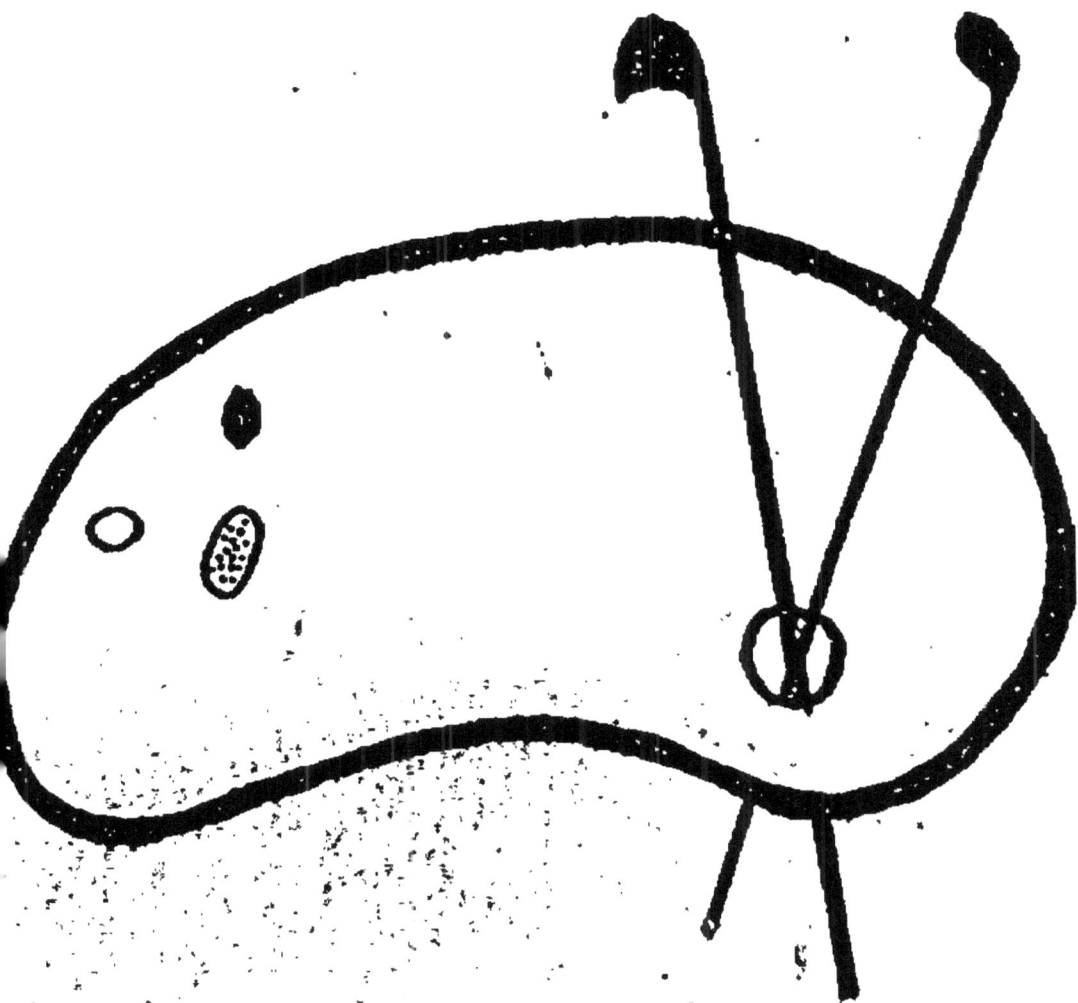

www.ingramcontent.com/pod-product-compliance
Lightning Source LLC
Chambersburg PA
CBHW071006280326
41934CB00009B/2200